MOI
MOCHE ET MÉCHANT

Titre original : *Despicable Me : The World's Greatest Villain*

Little, Brown and Company – Hachette Book Group – 237 Park Avenue, New York, NY 10017.
LB kids is an imprint of Little, Brown and Company. The LB kids name and logo are trademarks of Hachette Book Group, INC.
This edition published by arrangement with Little, Brown, and Company, New York, New York, USA.

Mise en pages : Valérie Rebiscoul.

Loi 49.956 du 16 juillet 1949 sur les publications destinées à la jeunesse.

Dépôt légal : 4e trimestre 2010.
ISBN : 978-2-7459-4715-4
Imprimé en France par Pollina - L54748.

L'ALBUM DU FILM

Adapté par Kirsten Mayer
à partir de l'histoire de Sergio Pablos
et du scénario de Cinco Paul et Ken Daurio.
Illustré par Don Cassity, Charlie Grosvenor,
Peter Moehrle, Dave Williams et Keith Wong.
Adaptation française de Virginie Cantin.

MILAN
jeunesse

Voici Gru.
Gru a un métier très sympa : c'est un super-méchant professionnel. La preuve, il a un Pistogel, une grande maison toute noire et un horrible chien qui s'appelle Marcel.

Il y a des gens qui ont des sous-sols, ou des caves, ou juste plein de terre en-dessous de chez eux.
Pas Gru. Sous sa grande maison toute noire, il a un gigantesque laboratoire secret où un savant fou, le Professeur Nefario, et une armée de petits Minions jaunes travaillent sur ses plans diaboliques.

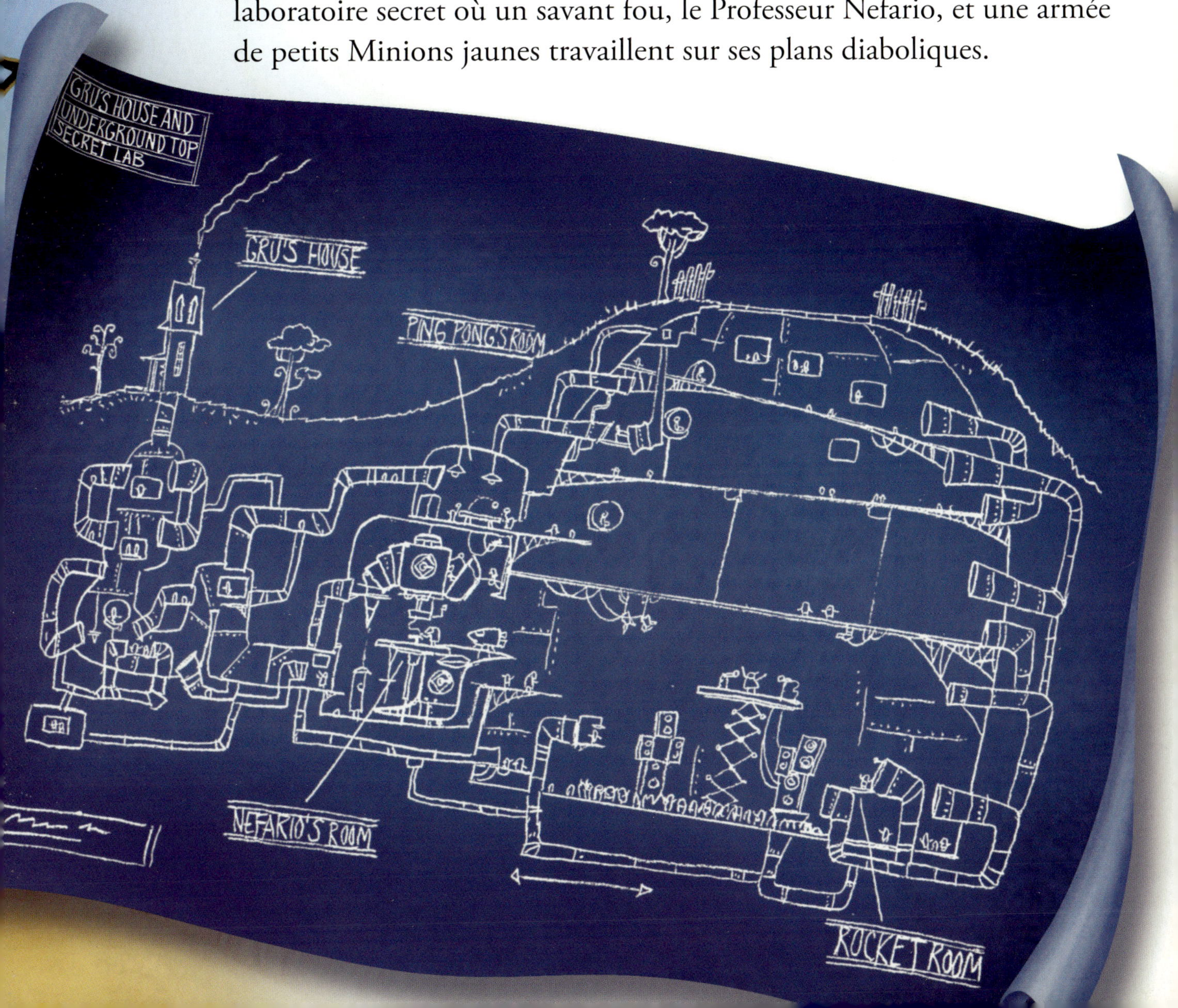

Gru rêve d'être le plus grand super-méchant de tous les temps. Il s'est déjà mal comporté dans le passé : il a fait éclater les ballons des enfants et congelé les clients d'un café pour pouvoir doubler tout le monde à la caisse.
Mais Gru veut accomplir quelque chose de plus IMPRESSIONNANT.

Assis avec son chien Marcel devant la télé, il cherche une idée quand un flash info interrompt son émission.

– Scandale en Égypte ! crie le présentateur. La grande pyramide de Gizeh a été volée et remplacée par une réplique gonflable ! C'est le crime du siècle !

Le téléphone sonne. C'est la mère de Gru.

– Bonjour, maman.

– Je tenais à te féliciter pour le vol de la pyramide, dit-elle. C'était toi, n'est-ce pas ? Ou bien un autre super-méchant qui réussit ce qu'il entreprend, lui ?

Sa mère n'a jamais été fière de lui. Gru soupire en raccrochant.

Qui est cet autre super-méchant ? se demande-t-il.
Il regrette de n'avoir pas été le premier à penser à voler la pyramide.
Soudain, Gru a une idée géniale. Il va commettre le plus grand crime DE TOUS LES TEMPS !

Il court dans son laboratoire souterrain pour expliquer son plan au Professeur Nefario et aux Minions.

– Nous allons trouver un Pistoréducteur ! leur annonce-t-il. Ensuite, nous accomplirons le véritable crime du siècle ! Mes amis, nous allons voler… la Lune !

Les Minions l'acclament tous. C'est l'idée la plus super-méchante qu'ils aient jamais entendue !

– Une fois que la Lune sera à moi, continue Gru, le monde entier me donnera tout ce que je veux pour la récupérer et je serai le plus grand super-méchant de tous les temps !

Le professeur Nefario n'est pas totalement convaincu par cette nouvelle idée. Il faut trouver un Pistoréducteur, construire une fusée pour aller sur la Lune… Tout ça coûte cher.
– Je ne vois pas comment financer ce projet, Gru, marmonne le savant fou.
Mais Gru hausse les épaules. Pour ça aussi, il a un plan.

Gru se rend à la Banque du Mal afin d'obtenir un prêt. Dans le hall, un autre super-méchant attend comme lui pour emprunter de l'argent. Gru n'aime pas sa tête. Il a une coupe de cheveux ringarde.

– On m'appelle Vector, se présente-t-il, parce que vecteur est un terme de mathématiques et que mes crimes conjuguent précision et puissance.

Vector montre à Gru le Lance-piranhas qu'il a inventé, mais Gru n'est pas impressionné. Ce qu'il veut, ce n'est pas se faire un ami, mais simplement voler la Lune.

Le directeur de la banque refuse toutefois de lui accorder un prêt.
– Il y a beaucoup de nouveaux super-méchants, dit-il. Comme ce jeune homme là-bas, qu'on appelle Vector. C'est lui qui vient de voler la pyramide!
Gru n'en croit pas ses oreilles. C'est décidé! Vector sera dorénavant son ennemi officiel!

Parce qu'il ne peut pas se permettre d'acheter un Pistoréducteur, Gru fait ce que la plupart des super-méchants feraient à sa place : il en vole un. Les Minions l'aident, mais juste au moment où Gru s'apprête à s'enfuir avec son nouveau gadget, il entend un bourdonnement. BZZZZT ! Un rayon laser découpe un trou au sommet de son avion ! Puis une pince géante descend dans l'appareil et vole le pistolet volé !

Gru regarde par le hublot – c’est Vector !
– Ne le laissez pas s’échapper ! crie-t-il.
Les Minions envoient toutes leurs munitions sur le vaisseau blanc de Vector, mais celui-ci les évite facilement.

Soudain Vector apparaît au sommet de son appareil
et braque le Pistoréducteur sur Gru.
– Hé, Gru ! lance Vector. Si on faisait un essai ?
ZIP ! Un éclair sort du pistolet et frappe le vaisseau de Gru.
Tandis que son engin rétrécit, Gru réfléchit à la manière
dont il pourra faire payer ça à Vector.

Vector habite une maison blanche aux lignes épurées. Gru essaie de s'y introduire pour récupérer le Pistoréducteur, mais Vector a installé trop de pièges. Des scies géantes surgissent et tranchent les cordes avec lesquelles Gru tente d'escalader la forteresse. Une catapulte le rejette par-dessus le mur. Il y a même un requin qui bondit pour le mordre !

Puis Gru aperçoit des petites filles qui vendent des cookies.
Vector les fait entrer le temps de passer commande.
EURÊKA ! Gru a maintenant un nouveau plan diabolique !

Quelques jours plus tard, les filles reviennent livrer les cookies.
Mais Gru a rempli l'une des boîtes avec des robots en forme de gâteaux.
Une fois que les petites sont à l'intérieur, il se sert d'une télécommande
pour diriger les machines. Des pattes leur poussent soudain
et ils récupèrent le Pistoréducteur !

Vector comprend vite : il a perdu son arme ! Sa vengeance est prête ! Il a entendu parler du plan de Gru pour voler la Lune… L'idée n'est pas mauvaise et il décide de faire la même chose.

– Attendez un peu que Gru voie mon Lance-calmars, dit-il. La Lune sera à moi !

Pendant ce temps, Gru a monté le Pistoréducteur à bord d'une fusée.
– Mon plan est simple, se dit-il. Je vole jusqu'à la Lune. Je rétrécis la Lune. Je m'empare de la Lune.
Mais juste au moment où la fusée décolle, Vector apparaît et tire avec son Lance-calmars. Le mollusque se colle à la paroi de la fusée, entraînant ainsi Vector dans l'espace !

Gru vise la Lune avec son Pistoréducteur. BZZZZT ! Ça marche ! La Lune rétrécit jusqu'à ce qu'elle ne soit pas plus grosse qu'une balle de tennis. Gru l'attrape, mais c'est alors que son ennemi surgit ! Vector profite de l'effet de surprise pour lui voler la Lune.

Avant qu'il ne puisse tenter de la lui reprendre, Gru reçoit un appel du Professeur Nefario.

– L'effet du Pistoréducteur n'est que temporaire ! l'avertit le savant. On ne peut pas voler la Lune !

Gru regagne sa fusée, sourit à Vector derrière son hublot et retourne à toute vitesse vers la Terre.

Soudain, la toute petite Lune que Vector tient dans sa main se met à grossir, à grossir, et à grossir encore, jusqu'à ce qu'elle retrouve sa taille normale. Vector reste échoué sur la Lune! Gru rentre chez lui, range la fusée puis court admirer le ciel nocturne.

– Bonne nuit, Vector! lance-t-il. À la prochaine!